AF235964

gespräche mit jonas

..machen Mut zum Leben

Verzeihen
befreit drei Herzen

Wolfgang Nicolaus

Gedanken zum Alltag

Bibliografische Information
der Deutschen Nationalbibliothek:
Die Deutsche Nationalbibliothek verzeichnet
diese Publikation in der Deutschen National-
bibliografie. Detaillierte bibliografische Daten
sind im Internet über http://dnb.dnb.de abrufbar.
Herstellung und Verlag:
BoD - Books on Demand, Norderstedt

ISBN
9783756218493

© 2022, Wolfgang Nicolaus

www.gespräche-mit-jonas.de
Wolfgang Nicolaus
Blasewitzer Ring 7, 13593 Berlin
Tel.: 03036742015
Mail: opanic@web.de

Covergestaltung: Wolfgang Nicolaus
Bildnachweis: Alejandra Enciso auf Pixabay

Inhaltsverzeichnis   Seite

Hinweis

Hier werden Gespräche zwischen Jonas und dem Autor wiedergegeben. Die Hinweise, die währenddessen von Jonas kommen, sind von ihm auf meinen individuellen Weg zugeschnitten und aus himmlischer Sicht zu interpretieren. Eine Allgemeingültigkeit ist daher nicht ableitbar. Es können Informationen in das eigene Leben integriert werden, sofern sie nützlich erscheinen.

Die Gespräche mit Jonas weichen auch oft von dem ab, was über Themen wie diese üblicherweise geschrieben wird, weil er eine ganz andere Übersicht hat als Menschen, die aus einem begrenzen Sichtfeld agieren.

Kraft deiner eigenen Entscheidungsfreiheit kannst du dem Dialog mit Jonas unter diesem Aspekt etwas abgewinnen oder nicht. Das bleibt ganz dir überlassen.

Wer ist Jonas?

Jonas ist mein übergeordneter Begleiter, Freund und abendlicher Gesprächspartner aus einer höheren Daseinsebene. Er hilft mir, Lebensebenen, auch weit über dieses irdische Leben hinaus, zu erforschen. In jedem Falle werden mir dabei viele neue, interessante Betrachtungen aufgezeigt. Wenn Jonas etwas mit mir bespricht, ist seine Antwort schon in meinem Kopf, bevor ich eine Frage zu Ende gebracht habe. Dabei ist er schonungslos offen und gibt Antworten, die mich oft sehr nachdenklich machen. Und das ist gut so, sonst komme ich mit meiner inneren Entwicklung nicht weiter. Ab und zu muss ich einen Tritt in den Allerwertesten haben, bevor ich den gleichnamigen bewege. Jonas ist Freund, nicht Lehrer. Das macht Sinn, wenn man bedenkt, dass ich eigene Erfahrungen machen muss, um Erkenntnisse daraus zu gewinnen. Er gibt Anstöße zum irdischen Leben in Ausrichtung auf die Werte, die im Himmel als Existenzgrundlage unabdingbar sind.

Was könnte schwieriger sein

..als jemanden zu verzeihen, der dir enormen Schaden zugefügt hat?

Muss ein Mensch schon ganz in sich ruhen, um im Sinne der Himmelsliebe verzeihen zu können?

Und kann man das auch ohne das Verstehen um die Himmelsprinzipien tun?

Oder ist das als Mensch gar nicht möglich?

Und wird das Verzeihen den eigenen Schmerz ganz heilen können?

Der Unterschied zwischen Verzeihen und Vergeben

Verzeihen
Menschen können ein Angebot machen, um etwas zu verzeihen. Damit muss keine Freundschaft mehr verbunden sein.

Vergeben
Gott allein ist in der Lage vollumfänglich zu vergeben. Er nimmt den Fehlbaren wieder an sein Herz.

Zum Verzeihen braucht es den anderen nicht

Mein Vater starb bevor ich bereit war, ihm zu verzeihen. Lange dachte ich nach und wollte innerlich das Ganze abschließen. Doch es gab ein Hindernis: Er war ja nicht mehr da, also konnte ich die fällige Konfrontation mit ihm nicht mehr ausfechten.

Jonas gab mir den Tipp, ohne ihn zu versuchen zu verzeihen. Denn das Verzeihen hat in erster Linie mit mir zu tun. Ein Täter kommt an zweiter Stelle, denn es geht zunächst um die Befreiung des eigenen Herzens. Erst danach ist die Bereitschaft da, ihm zu verzeihen. Für diesen Weg braucht es den anderen nicht. Das wird er auch dort empfangen, wo er nach seinem Tod ist.

Das Herz des Opfers

..und wie schwer es sich mit dem Verzeihen tut

„Du leidest sehr, ich weiß es und fühle mit dir. Doch der Schmerz bringt nichts mehr zurück. Die Übersicht in die Schöpferliebe wird dir helfen, dein Herz wieder ganz zu heilen."

„Mein Hass ist aber noch groß. Da gibt es kaum einen Weg dran vorbei."

„Ich kenne deine Gedanken nur zu gut, mein Freund. Sie sind aus deiner Situation heraus verständlich und kommen aus deiner menschlichen Gemütsverfassung. Doch im Sinne des Himmels sind solche Gedanken kontraproduktiv."

„Der Himmel leidet ja auch nicht."

„Oh doch. Er leidet mit dir, und noch viel mehr als du."

„Wieso mehr als ich?"

„Weil er die Summe der negativen Ereignisse der menschlichen Welt tragen muss. Ich glaube nicht, dass ein Mensch das auch nur ansatzweise aushalten würde, und dazu immer noch seine unglaublich große Liebe verströmen könnte."

„Auch über den Täter?"

„So sehr du jetzt auch aufbegehren wirst, ja, auch über ihn."

„Der hätte die Hölle verdient", rief ich verärgert."

„Aber auch er ist ein Sohn des Schöpfers."

„Mir doch egal. Ich würde mich rächen. Das würde jeder tun!"

„Du spielst also den Richter und brichst den Stab über einen Sohn Gottes? Findest du das angemessen? Meinst du nicht, dass das Gottes Aufgabe wäre? Du willst ihm also ins Handwerk pfuschen…"

„Ich weiß nicht, Jonas. Was könnte ich denn sonst tun?"

„Zuerst mal überlegen, und dann das Herz einschalten, bevor die Schnute wieder dummes Zeug labert."

Was soll ich überlegen?"

„Also erst einmal müsste deine ohnmächtige Wut aus dir heraus."

„Ja, dazu hätte ich gleich eine Idee."

„Lass hören."

„Ich würde einem Täter genau das antun, was er selbst getan hat. Dann wäre meine Wut weg."

„Glaubst du wirklich, dass du dich dann besser fühlst?"

„Erstmal schon."

„Und nach dem erstmal?"

„Keine Ahnung. Aber es wäre für mich eine Erleichterung. Es geht um Gerechtigkeit, Jonas."

„Und du wärst gerecht, wenn du dem Täter etwas antun würdest?"

„Schon, im Sinne des Opfers, ja."

„Mein Freund, wo fängt das an und wo hört das auf. Maße dir nur nichts an! Du bist kein Richter, sondern pfuschst Gott ins

Handwerk, von dem du zumal gar nicht die Bohne verstehst. Er allein weiß, wie das wieder geradezubiegen ist. Du möchtest nur deinen Hass ausleben. Und damit richtest du in dir selbst einen noch größeren Schaden an als den, der schon vorhanden ist."

„Harte Worte, Jonas."

„Du siehst das eben nur aus deinem verletzten Gemüt heraus. Da wütet noch der volle Zorn. Dir möchte ich jetzt nicht im Dunkeln begegnen!"

„Ja, hast du denn gar kein Verständnis dafür?"

„Eine rein menschliche Regung. Ich verstehe das schon, mein lieber. Aber eben nur aus dieser menschlichen, emotionalen

Sichtweise. Und sage bloß nicht, dass das alles am Himmel vorbeigeht. Da gibt es viel Traurigkeit, wenn so etwas aus dem Ruder läuft. Was geschehen ist, ist geschehen. Aber wie DU damit nun umgehst, steht auf einen, noch gefährlicheren Blatt. Aus angerichtetem Schaden noch mehr Schaden zu verursachen wird auch dir kaum Erleichterung verschaffen."

„Du hast ja recht, Jonas. Aber du stehst ja schon über den Dingen. Du weißt, wie die Zusammenhänge sind. Dann ist es bestimmt einfach. Für mich ist da noch viel Theorie drin."

„Das wird langsam auch bei dir in die Anwendung kommen, sonst stagnierst du in deiner inneren Entwicklung, oder gehst sogar Schritte zurück. Und das willst du bestimmt nicht."

„Also, was könnte ich tun, um schneller voranzukommen? Gib mir ein Rezept bitte."

„Er will wieder eine Pille haben!"

„Also über alles traurig zu sein ist normal und ein Anfang, denn Trauer lindert die Wut erst einmal."

„Und dann?"

„Achte darauf, dass sie nicht zu lange bei dir bleibt. Sonst vergrämst du und bleibst im Schmerz hängen."

„Wie bemerke ich, wenn es Zeit ist die Traurigkeit wieder wegzuschicken?"

„Das spürst du, wenn du in dein Herz hineinhörst. Es wird dir dann *als genug* auffallen."

„Und wie bewerkstellige ich dann das Danach?"

„Zeit braucht es schon. Dafür ist es hilf-
reich, die Zusammenhänge der großen
Lebensbühne in Anwendung zu bringen."

„Schon klar, dieses Wissen habe ich ja schon von
dir bekommen."

„Und dann denkst du noch über Hass
nach? Versteh ich nicht."

„Ja aber…."

„Menschen würden jetzt sagen: Setzen,
sechs. Da hast du noch was nicht richtig
verinnerlicht, mein Freund."

„Hmmm."

„Mehr kommt da nicht?"

„Es wäre eine schwere Prüfung, träte bei mir der
Fall der Rache ein, glaube ich."

„Könnte so sein. Prüfungen sind nie leicht. Wären sie leicht, wären es Aufsätze, keine Prüfungen."

„Inwieweit muss ich dem Täter nahekommen, um zu verzeihen?"

„Du musst ihn nicht mehr zum Freund machen, falls du das meinst. So ist Verzeihen nicht gemeint."

„Wie dann?"

„Dieser Schritt braucht grundsätzlich die innere und tiefe Bereitschaft dazu."

„Und wie ist diese für einen solchen Fall?"

„Höre nur einfach auf dein Herz, es zeigt dir das ganz klar."

„Menschen machen Fehler. Auch du."

„Und wenn es so schwerwiegende Fehler sind?"

„Ja, gerade dann."

„Was wäre, wenn ich nicht verzeihen könnte?"

„Du würdest in deinem Schmerz hängen bleiben und vergrämen. Damit kreist du nur noch um dich selbst."

„Das würde wohl auch meinem Umfeld schaden."

„Genau. Und das willst du bestimmt nicht."

„Würde ja auch niemandem nützen."

„Richtig."

„Also sollte ich mich wohl zum Verzeihen durchringen."

„Besser wäre, wenn du dich nicht nur so halblustig durchringen würdest, sondern es aus dem Verständnis zum Himmel heraus angehst."

„Aber der Hass würde doch bleiben, Jonas. Damit meine ich besonders die, die mit dem Himmel nix am Hut haben. Denen fehlt noch das Wissen um die Zusammenhänge der himmlischen Lebensbühne. Was ist mit denen?"

„Reden wir gerade über dich oder über andere?"

„Hauptsächlich über mich."

„Warum bleibst du also nicht beim Thema? Ändere **du dich zuerst.** Und später kannst du immer noch darüber reden, was andere ohne Gottverbindung tun können."

„Also was ist dann mit MEINEM Hass?"

„Er schwächt sich mit dem Verzeihen erstmal stark ab. Dann kommt der Punkt, wo sich Hass in Verstehen wandelt. Traurigkeit bleibt noch. Sie braucht länger. Aber auch sie wird dem Verstehen weichen müssen."

„Auflösung des Schmerzes wäre besser, Jonas."

„Abschwächen im Begreifen der Umstände im größeren Überblick genügt schon. Es ginge dir damit viel besser. Aber ich sehe immer wieder deine Ungeduld. Am besten es geht von Null auf Hundert, nicht wahr?"

„Verzeihen ist nicht einfach, Jonas. Egal ob das mit schon mehr Wissen versucht wird oder ohne."

„Das weiß ich. Du wirst es viele Male in deinem Inneren tun müssen, nicht nur einmal. Aber es ist für dich das Beste, was du machen kannst. Auch wenn es schwer ist.

Denke immer daran, dein Vater war auch ein Opfer. Ein Opfer seiner Neigungen. Er konnte diesen nicht widerstehen."

„Ich verstehe das heute gut, Jonas. Aber einfach war es nicht, da hinzukommen."

„Denkst du, dass er jemanden um seine Veranlagung angebettelt hat, nach dem Motto: *„Oh, es soll so schön sein. Ich würde das auch gerne haben?"*

„Natürlich nicht."

„Denkst du, dass er sich nach jedem Mal des Missbrauchs wohl gefühlt hat?"

„Nein, glaube ich nicht. Wahrscheinlich nur erleichtert. Also für den Augenblick, meine ich."

„Dann siehst du ein, dass verzeihen die bessere Wahl ist als der Hass?"

„Ja, davon bin ich inzwischen überzeugt."

„Die Zeit zum Verzeihen ist dir gegeben. Diese Zeit wird dich im Verstehen reifen lassen. Diese Zeit wird dich im Herzen mehr und mehr wachsen lassen. Doch Geduld braucht es schon, und daran hast du auch noch zu arbeiten."

Das Herz des Täters

..ist auch ein Opfer

„Jeder Täter ist Opfer seiner Neigungen, Triebe, Nöte, Ängste und Fehlbildungen auch aus Erlebtem. Wenn all dies übermächtig wird, kann er nicht anders, als dem zu folgen und sich Erleichterung zu verschaffen. Er wählt nicht mehr frei, sondern ist getrieben. Sein Herz braucht später einmal Erlösung."

„Jonas, warum sollten sie erlöst werden? Ich denke, bereuen wäre angesagt."

„Im Tiefsten ihres Inneren tun sie das auch."

„Glaube ich nicht. Bei so manchen Gerichtsverhandlungen verhöhnen einige Täter noch die Opfer oder die Hinterbliebenen."

„Das ist für den Augenblick deren ohnmächtiger Mechanismus zum eigenen Schutz. Glaube mir, sie werden bereuen."

„Wann?"

„Spätestens dann, wenn sie in der Seele Bilanz über das vergangene Erdenleben ziehen. Sich selbst also nicht mehr ausweichen können. Dann kommt die Reue, weil sie auch den Schmerz fühlen werden, den sie verursacht haben. Und das ist so sicher wie das Amen in der Kirche, da sei dir mal sicher."

„Einem Opfer hilft das nicht, Jonas. Und es gibt Täter, die wollen gar nicht sagen, dass es ihnen leidtut."

„Wieder und wieder schaust du aus der rein menschlichen Sicht darauf. Eben habe ich dir erklärt, wie es im himmlischen

Sinne zu sehen ist. Hörst du mir eigentlich zu?

Nochmals! Menschen sind in der irdischen Gerichtsbarkeit und polaren Sichtweise eingebettet. Auch ein Täter, der als Mensch sein Unwesen treibt, ist eben noch nicht in der Seele, wo er das aufarbeitet was er im Menschsein angerichtet hat. Außerdem gibt es nicht nur „fehlgeleitete" Menschen, sondern auch die mit großen, psychischen Störungen, also die, die nicht wirklich dafür verantwortlich sind für das was sie tun."

„Wie kann ich das ergründen?"

„Was willst du ergründen?"

„Warum ein Täter seine Tat begangen hat."

„Das ist nie wirklich nachvollziehbar. Oft liegen die Grundsteine dazu auch weit in der Kindheit. So sind viele Sexualstraftäter selbst missbraucht worden. Das gilt für physische, und auch für psychischen Missbrauch. Beides kann großen Schaden anrichten. Diese Menschen geben oft nur das weiter, was ihnen selbst widerfahren ist."

„Das habe ich auch hinter mir, Jonas. Das weißt du. Und ich bin auch kein Monster geworden."

„Nein bist du nicht. Wie gesagt, es ist immer sehr individuell warum ein Mensch zum Täter wird."

„Was kann man tun?"

„Die Folgen einer schlimmen Tat lindern helfen. Ich fühle dir nach, dass es kaum möglich ist, als Mensch einem Täter zu verzeihen. Aber es ist der einzige Weg, um eine Heilung aller Herzen zu bewirken.

Natürlich steht die Heilung deines eigenen Herzens im Vordergrund. Im Nachgang dass des Täters, und dann auch das von Gott. Das ist ein dreifacher Weg, der sich ganz sicher lohnt.

Bedenke was ich dir immer wieder über das Verzeihen ans Herz lege: Du musst dazu aus der Sicht des Himmels schauen. Von oben nach unten. Menschen betrachten alles immer nur von unten nach oben. So funktioniert das nicht. Von unten aus gesehen beachtest du nicht die Lebensprinzipien des Lebens als Ganzes, sondern immer nur Teilabschnitte, verstehst du?"

„Aber du sagst doch immer, ich soll das schon als Mensch versuchen."

„Richtig. Das braucht das strikte Bemühen. Damit kannst du lernen über dich hinauszuwachsen. In den Schoß fällt dir das nicht."

„Wann kann man das lernen?"

„Immer wenn schlimme Dinge geschehen. Dann ist Anlass gegeben, über eingefahrene Verhaltensweisen nachzudenken. So kommt etwas in Bewegung."

„Ich glaube ich weiß was du damit meinst. Meine Mutter erzählte zwar wenig über die Kriegsjahre und ihrer Vertreibung aus Oberschlesien. Aber das, was sie erzählte ließ mich erschaudern."

„Was sagte sie denn?"

„Im Krieg haben sich viele Menschen in den Kellern vor Todesangst die Hosen vollgemacht. Und sie haben ALLE beten gelernt."

„Haben sie auch verzeihen gelernt?"

„Das weiß ich nicht, zumal das ja erst sehr viel später angegangen werden kann, so wie ich das von mir selbst auch kenne. Sie wurde, wie viele andere Frauen auch, von einem russischen Soldaten vergewaltigt und war dennoch zufrieden nicht erschossen zu werden. Das daraus geborene Kind war dann mein Halbbruder."

„Konnte sie später einmal verzeihen?"

„Keine Ahnung. Darüber sprachen wir nie. Sie hatte verständlicherweise Depressionen. Ob sie das verarbeiten konnte, entging meiner Aufmerksamkeit. Aber sie hat meinen Bruder mit viel Liebe großgezogen, das war wohl ihr Anteil an dem, was man verzeihen nennen mag."

„So kannst du sehen, dass aus großer Not auch etwas Gutes erwachsen kann, denn dein Bruder konnte für all das ja nicht."

„Jonas, wenn ich daran denke, dass uns allen irgendwelches Leid geschieht, wird mir Angst und bange. Aber um wieder auf den Täter zurückzukommen, wo steht der denn?"

„Ich wiederhole mich. Das ist für euch Menschen unergründlich und individuell. Ein Täter muss sich auf Erden der irdischen Gerichtsbarkeit stellen. Die himmlische Seite sieht ganz anders aus. Aber glaube mir, er ist, so wie du, auch ein Sohn des Schöpfers. Und darum liebt er ihn genauso wie er dich liebt. Nicht aus einer schlechten Tat in einem seiner vielen Leben heraus wird er ihn verurteilen, so wie er es auch nicht mit dir tut, mit all dem was du einmal angerichtet hast. Es sei denn, du warst immer der Gute. Aber das wäre ja ein Irrglaube, nicht wahr? Alles ist heilbar durch unseren Schöpfervater. Du musst ihm nur vertrauen."

„Was ist, wenn ich dem Täter nicht verzeihen kann?"

„Dann wird es schwer für ihn Erlösung zu finden."

„Selber schuld daran!"

„Sei nicht immer so uneinsichtig und ver-
bittert. Denke daran, dass auch du nicht
immer mit reiner Weste durch die Leben
wanderst."

„Das macht mich in der Tat nachdenklich."

„Also bleibe nachsichtig, auch wenn es
schwerfällt. Es ist auch in deinem Sinne.
Mit Hass und Rache kannst du keinesfalls
geschehenes Leid ungeschehen machen.

**Dazu noch etwas absolut Elementares:
Verzeihen bedeutet den eigenen Schmerz
loslassen!"**

Das Herz Gottes

..trägt die Welt im Ganzen

„Jonas, wie kann ich mir aus meiner menschlich begrenzten Sicht Gottes Herz vorstellen?"

„Das ist nicht so einfach."

„Aber ich möchte es auf einen einfachen Nenner haben, denn alle, die mit Gott noch nicht viel am Hut haben, sind ja noch gar nicht gewillt komplizierte Zusammenhänge, um dieses Thema anzuschauen. Sie wenden sich gleich wieder ab."

„Wie dir bekannt ist, braucht es zunächst das Denken mit dem Herzen. Und das kann man auch schon als Mensch lernen. Auch dann, wenn Gott noch nicht so präsent ist wie bei dir."

„Wie könnte man das anstellen? Gibt es da so eine Art Handbuch, woran man sich orientieren kann?"

„Entwickle Güte in dir selbst. Sie beinhaltet schon die übergeordnete Liebe. Lass dann die Sehnsucht zu mehr Erkenntnissen in dir aufleben. Sie ist schon längst in allen Menschen tief verankert, und oft nur verschüttet."

„Wer diese nicht ausgraben will und die Existenz des Göttlichen vehement ablehnt, wird sie auch nicht erfahren?"

„Geht ja dann nicht. Wenn du etwas ablehnst, wirst du dich auch nicht damit beschäftigen."

„Leuchtet ein."

„Wie hängt das mit dem Verzeihen zusammen?"

„Das alles nennt man auch die Ausrichtung zum Du. Ein Wert, den es sich zu erarbeiten gilt. Nicht einfach, weiß ich wohl. Zudem ist es auch ein sehr langwieriger Prozess, denn man drängt damit zwangsläufig das eigene Ego mehr und mehr in den Hintergrund. Viele wollen da gar nicht gerne loslassen."

„Wenn ich mich also mit dem Himmel beschäftige, richte ich mich damit schon zum Du aus?"

„Ja, denn der Himmel liegt ja außerhalb deines Egos. Und zum Verzeihen braucht es zuerst die Fähigkeit, die Not eines anderen zu erkennen."

„Und der Täter. Wo steht der?"

„Einen Täter sehe ich genauso wie dein Herz und das Herz des Schöpfers. Der enorme Wert des Verzeihens ist aber erst in der himmlischen Übersicht in vollem Umfang erkennbar. Und der Himmel möchte in reinen Schwingungen seine Liebe verströmen. Das geht nur, wenn du mit dem Verzeihen die Türen dafür öffnest.

Alles hängt zusammen

Jeder geht seinen Weg zum Schöpfervater. Aus ihm sind wir gekommen, dorthin gehen wir zurück. Das ist ein steter Weg nach vorn. Nichts kann übersprungen oder ausgelassen werden. Jeder Abschnitt hat seinen Sinn, auch wenn er nicht gleich erkennbar ist."

„Jonas, warum ist das Verzeihen so wichtig für alle drei Herzen?"

„Weil alles miteinander verbunden ist."

„Was meinst du genau damit?"

„Schau, dein Herz liegt in Gottes Hand. Das Herz eines Täters liegt auch in Gottes Hand."

„Und Gottes Herz?"

„Er steht übergeordnet *über,* und *in* Allem.
Er ist das übergeordnete Bindeglied."

„Wie kann ich mir diese Verbundenheit praktisch
vorstellen?"

„Ich versuche es mal über ein irdisches Bei-
spiel. Stell dir ein Hochhaus vor. Dieses
Haus besteht zum großen Teil aus Beton.
Dieser besteht aus unterschiedlich großen
Kieselsteinchen, Sand und vor allem aus
Zement als Bindemittel."

„Verstehe."

„Das Hochhaus steht hier als Synonym für
den Himmel, ok?"

„In diesem Haus (also Himmel) spielt sich das
ganze Leben ab?"

„Vereinfacht gesagt, schon."

„Und das Haus ist aus dem Beton gebaut."

„Quasi wie auf Erden, so auch im Himmel."

„Das ist aber nur ein imaginäres Gebilde."

„Es soll auch nur als Beispiel dienen."

„Wie ich weiß, ist beim Hochbau guter Beton von großer Wichtigkeit."

„Stimmt. Darauf will ich hinaus. Die perfekte Mischung ist das Wichtigste. Dabei spielt der Zement eine zentrale Rolle."

„Warum gerade der Zement?"

„Weil er als Bindemittel alles zusammenhält. Könntest du dir vorstellen, dass ein schlechter Zement auch einen schlechten Beton ergibt?"

„Klar, das liegt doch auf der Hand."

„Gut. Jetzt kommen wir langsam wieder auf die drei Herzen zurück. Die Liebe wohnt in den Herzen, oder?"

„Kann man so sagen."

„Jetzt stell dir vor, die Liebe hat eine gleichkommende Aufgabe wie der Zement."

„Jetzt wird es schwierig, Jonas."

„Ok. Der Zement ist also das Bindemittel für die Kieselsteinchen und den Sand. Zusammen (auch noch mit Wasser natürlich) ergibt das den Beton."

„Habe ich verstanden."

„Im Himmel ist die Liebe das Bindemittel zwischen allem."

„Verstehe. Gutes Beispiel, Jonas. Aber was hat das mit dem Verzeihen zu tun?"

„Verzeihen hilft der Liebe, reinzubleiben."

„So wie der Beton mit gutem Zement in guter Qualität gehalten wird?"

„Genau so ist das gemeint. Wie schon erwähnt, ist der Beton manchmal von schlechter Qualität. Beim Licht und dessen Liebe würde man dann von diffusem Licht sprechen."

„Was macht Beton auf Erden denn schlecht?"

„Schlampige Verarbeitung, zum Beispiel."

„Im übertragenen Sinne kann also das Bindemittel Liebe im Himmel wann von schlechter Qualität sein?"

„Wenn ungute Dinge geschehen."

„Also eine Art schlechte Liebe?"

„Schlechte Liebe gibt es nicht. Sie ist immer vollkommen. Aber sie kann durch ungute Ereignisse getrübt werden. Liebe ist unverrückbar mit dem Licht verbunden. Und damit kann dieses Licht mehr oder weniger diffus werden. Es ist dann nicht mehr so rein, wie es ursprünglich war und eigentlich sein sollte. Das Licht wird nicht aus sich heraus diffus, sondern durch ungute Ereignisse."

„Wie kann man verhindern, dass das Licht diffus wird?"

„Verhindern geht leider nicht, denn es geschehen nun mal ungute Dinge. Und dann ist eine Eintrübung unvermeidlich. Du kannst aber, unter anderem, zur *Klärung* beitragen, indem du wirklich, und nicht nur oberflächlich, verzeihen lernst.

Das hat unmittelbar Auswirkungen auf das Licht."

„Wenn ich verzeihe, dann wird die Liebe, also der himmlische Beton, wieder rein?"

„Aufgepasst! Hier gibt es einen Unterschied zum irdischen Beton."

„Einen Unterschied?"

„Ja, der irdische Beton behält die Güte, in der er angemischt wurde. Danach bleibt er so. Im Himmel kann das Licht, ich sage mal, wieder repariert werden."

„So kann das Himmelsgebäude also wieder einen festeren Stand erreichen?"

„Genauso ist es."

„Jonas, das Hochhaus auf der Erdenwelt besteht aber nicht nur aus Beton, sondern hat ein Stahlgeflecht im Beton eingebettet. Das bringt erst die Festigkeit zusammen mit dem Beton, verstehst du?"

„Gut, dass du das ansprichst. Das Stahlgerüst, also die Armierung, ist im Himmelshaus Gottes Wirken, denn auch hier braucht es etwas, was übergeordnet die Dinge ordnet und zusammenhält."

„Jetzt verstehe ich."

„Und das Verzeihen verändert das Bindemittel (im Himmel ist es das Licht der Liebe) auch wieder zum Positiven. So kannst du als Mensch schon den Himmel mitgestalten. Ist das nicht großartig?"

„Also hat Verzeihen direkten Einfluss auf den Himmel?"

„Absolut. Der Sinn dahinter ist, dass das Licht, welches uns alle mit Liebe durchströmt, auf einem hohen Niveau zu halten."

„Das rückt das sehr schwere Verzeihen zu einem Täter hin in einen ganz anderen Blickwinkel."

„Besser in einen höheren Sinn."

„Ausschließlich aus irdischer Sicht her betrachtet ist das so gut wie gar nicht nachvollziehbar. Da bäumt sich das Ego mächtig auf."

„Sehe ich auch so. Die höhere Sicht erst zeigt die Bedeutung des Verzeihens."

Glaube, Liebe, Vertrauen

Diese drei Eckpfeiler bilden die Grundvoraussetzungen zur Heilung verletzter Herzen und zum Verinnerlichen der Bedeutung des Verzeihens.

Verzeihen ist ein schwerer Schritt, der deine Grundfesten erschüttert. Doch nur so hast du eine Zukunft ohne Hass in dir, und ein inneres Haus, welches wieder auf einem guten Fundament ruht."

Nochmal eine Frage zur Klärung, Jonas

„Wo liegt denn nun konkret der Unterschied zwischen Verzeihen und Vergeben?"

„Eingangs habe ich das in kurze Worte gefasst. Hier etwas ausführlicher.

Verzeihen kommt vom Menschen. Es ist eine Handreichung an den, der Schaden angerichtet hat. Eine Art Angebot. Das muss nicht angenommen werden, weil vielleicht der, der einen Schaden verursacht hat, völlig uneinsichtig ist: *„Ich bin mir keiner Schuld bewusst, habe nichts Unrechtes gemacht und darum gibt es nichts zu verzeihen. Und überhaupt: Du hättest ja nein sagen können."*

Mehr als ein Schlag ins Gesicht für denjenigen, der Opfer von sexueller Gewalt wurde! Aber das gibt es eben auch.

Dann bleibt das Angebot offen. Doch allein das Angebot genügt, um das eigene Herz zu befreien. Wie gesagt, es braucht den anderen nicht.

Vergeben kann nur Gott mit seiner unerschöpflichen Liebe und hohen Kapazität. Er nimmt dich wieder an sein Herz. Er hat den Überblick, den Menschen nicht haben können. Versucht ein Mensch zu vergeben, wird er sich der Überheblichkeit anheimstellen, denn die geringe Kapazität eines Menschen ist nicht in der Lage genügend Überblick zum Vergeben zu besitzen und Weisheit walten zu lassen. Gottes Vergebung fußt in seiner unerschöpflich großen Liebe, ist daher bedingungslos und erwartungslos. Menschen können, auch wenn oft deklariert, aufgrund ihres Unvermögens nicht von Erwartungen ablassen. Damit bliebe es unaufrichtig und ohne Wirkung.

Somit hat die göttliche Vergebung nichts mit einem Angebot zu tun, weil Gott *jedem* aus dem Grundsatz der lichten Liebe heraus vergeben wird. Egal was der Einzelne angestellt hat. Das wird deutlich, wenn man einsieht, dass man selbst in vielen Inkarnationen nicht immer mit reiner Weste durchgegangen ist.

Menschen können verzeihen. Und das ist schon eine sehr große Handreichung. Damit zeigst du, dass der Weg in die große Liebe des Himmels angetreten ist.

Es gibt da ein Sprichwort

Kehre zuerst vor der eigenen Haustür…..na du weißt schon.

Danke für deine Zeit

Meine größte Freude wäre es, wenn du dem Gespräch mit Jonas etwas für dich entnehmen konntest. Vielleicht hast du ein paar Minuten, um dort, wo du dieses Büchlein erworben hast, ein paar Zeilen hineinzuschreiben.

Auf meiner Webseite:
www.gespräche-mit-jonas.de
freut sich auch mein Gästebuch auf dich :)